선

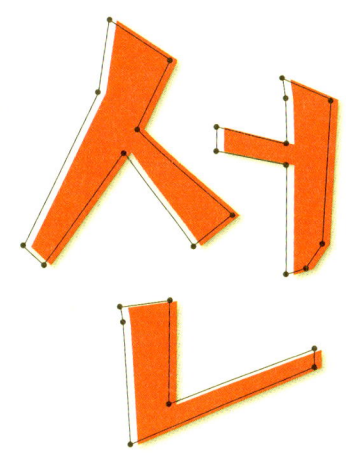

게리 베일리 글 | 마이크 필립스 그림 | 김경진 옮김

미래i아이

레오 Leo

3만 년 전 구석기 시대 아이.
지능 지수가 아주 높고,
창의적이며 시대를 앞서간다.

안녕!
내가 레오야.

팔라스 Pallas

레오의 애완동물.

내가 애완
동물이라고?
헐~

'석기 시대'라고 불러도 될 만큼 수백만 년 전부터
팔라스의 조상들은 지구에서 살았다.
레오의 조상들보다 훨씬 더 오래전부터!
그런데 팔라스고양이는 시베리아 북극같이
춥고 얼음으로 뒤덮인 불모지에서만 살기 때문에
요즘에는 잘 볼 수 없다.

사람이 거의 살지 않는
러시아 북쪽의 높은 지대에 가면
팔라스고양이를 볼 수 있어요.

레오가 잘 아는 것들

점에서 점까지	4
계속	6
끝이 있는 선	8
정렬	10
지평선	12
수직선	14
경계선	16
어느 쪽일까?	18
눈금선	20
평행선	22
교차선	24
아래로 아래로	26
자연 속의 선	28
각	30
찾아보기	32

점에서 점까지

"갔다 올게."
"어디 가는데? 나도 가면 안 돼?"
"안 돼, 팔라스. 나 혼자 가야 돼. 여기 봐 봐.
여기 A점에서 출발해서 B점으로 가는 거야.
성공하면 '크로스컨트리 지도를
볼 줄 아는 사람' 배지를 준대."
배지라는 말에 팔라스는 몹시 실망한 눈치야.

"두 점을 잇는 가장 가까운
길은 직선이니까 직선으로
곧장 가로지를 거야.
그러려면 여기 숲을
헤치고, 늪을 지나,
강을 건너고
개울도 건너야 해.
산을 타고 암벽 등반까지
해야 하고."

"고작 배지 때문에 그런 위험한
일을 하겠다고? 금배지라도 돼?"
팔라스가 어이없다는 얼굴로 물어.

"크로스컨트리 배지야. 가슴에 달고
다니며 자랑할 거야!"

뼈다귀도 아니고
금배지, 은배지도
아닌데 날 두고 가다니!

뾰족탑에서 뾰족탑으로

장애물 경마는 경마의 하나로 '크로스컨트리'라고도 불러요. 약 260년 전에 아일랜드의 버트반트 마을에서 도너레일 마을까지 말을 타고 경주했던 데서 비롯됐답니다.
'뾰족탑에서 뾰족탑까지' 혹은 '점에서 점까지' 달리는 이 경마는 블레이크라는 사람이 이웃인 오캘러헌에게 버트빈트 교회에서 도너레일 교회까지 가로질러 경주하자고 도전장을 내밀면서 시작됐대요. 둘 다 말을 타고 결승점인 교회 첨탑을 향해 직선으로 약 7킬로미터를 달렸어요. 도중에 암벽, 도랑, 울타리 같은 장애물을 만나면 풀쩍 뛰어넘었다고 해요!

직선

점은 단순히 공간의 위치를 가리켜요.

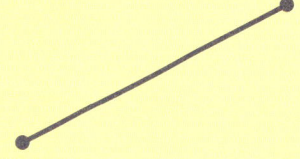

두 점을 연결하면 직선이 생기지요.

두 점을 잇는 가장 짧은 거리가 직선이에요.

▶ 요즘의 장애물 경마는 산이나 들판, 개울이 아닌 경마장에서 열려요.

▶ 2000년 전 로마 인들은 도로를 만드는 솜씨가 대단했지요. 직선으로 쭉 뻗은 도로들은 바둑판처럼 교차하며 유럽 식민지들을 서로 연결하고 있어요. 그때 만든 많은 도로들을 지금도 사용하고 있답니다.

계속

뻥!

"팔라스, 뛰어. 저 공 못 잡으면 내가 한 점 이기는 거야."
팔라스가 투덜댔어.
"공이 어디로 갔는지 몰라."

"좋아. 상대팀이긴 하지만 도와줄게. 저쪽을 봐, 팔라스.
저기 저쪽. 아까 내가 저쪽으로 공을 날렸잖아.
그러니 덤불 속에 있거나 더 멀리 갔을 거야."
"얼마나 멀리?"
"아주 멀리."

"멀리보다 더 멀리?"
"응 멀리보다 더 멀리."
그러자 팔라스가 시무룩해졌어.
"근데 멀리보다 더 멀리보다 더 멀리 갔으면 어떡해? 그러니까
내 말은 끝도 없이 계속 날아가서 찾을 수 없으면 어떡하냐고!"

📌 수학에서의 선

수학에서 선은 시작도 끝도
없어요. 양쪽으로 끊임없이
뻗어나간다고 생각하면 돼요.
선의 양쪽 끝에 작은 화살표를
그려 주면 쉽게 알 수 있어요.

태양 광선

태양이 내뿜는 광선은 태양 한가운데서 시작해 우주로 쭉 뻗어 나가는 것처럼 보여요. 광선은 시작점은 보이지만 어디서 끝나는지는 모르지요.

광선

광선은 시작점은 있지만 끝점이 없는 선이에요. 어디서 시작하는지 눈으로 볼 수 있지만 어디서 끝나는지는 볼 수 없지요. 태양 광선도 마찬가지고요. 태양 광선은 우주로 끝없이 뻗어나가는 것처럼 보여요.

끝이 있는 선

오늘은 팔라스와 줄다리기를 했어.
"밧줄 끝을 잡아. 그래. 자, 이제 당겨!"
"뭐? 잡아당기라고?"
"그래, 잡아당겨! 네가 나보다 힘이 더 센지 궁금해서 그래.
양쪽에서 서로 힘껏 잡아당기는 거야.
가운데 매듭이 내 쪽으로 끌려오면 내가 이기는 거야."
"내 쪽으로 움직이면 내가 이기는 거네!"
팔라스가 의기양양하게 말했어.

큭큭

내가 이겼어.

힘 좀 써, 팔라스. 너무 싱겁잖아.

또 내가 이겼어. 이기고 또 이기고……. 계속해서 내가 이겼어.

팔라스가 지원군을 데려오기 전까지는 말이야!

아이고, 이런!

선분

선분은 시작점과 끝점은 있지만, 화살표는 없어요.

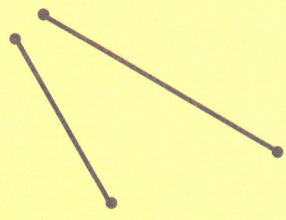

선분들을 이어서 모양을 만들 수 있어요. 이 삼각형의 세 옆면은 모두 선분이에요.

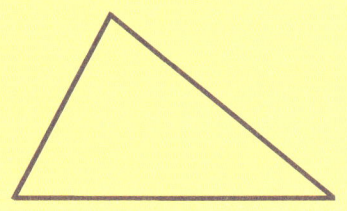

▲ 림보는 춤을 추면서 낮게 가로놓인 막대를 건드리지 않고 밑으로 지나가야 하는 놀이에요. 이 막대도 선분이랍니다.

▲ 두 바지랑대 사이에 걸린 빨랫줄도 선분이에요. 그래서 처음과 끝이 있어요.

▶ 지렁이의 몸은 여러 개의 작은 선분들로 이뤄졌어요. 마치 고리가 서로서로 붙어 있는 것처럼 생겼지요.

정렬

세상에 이런 일이! 누가 내 소시지를 훔쳐 갔어!
좋아, 그렇다면 내 명석한 두뇌로 범인을 잡아야지.
"자, 다들 모였으면 한 줄로 서 봐!"
팔라스는 덩치 큰 매머드 옆에 설까, 앞니가 튀어나온 비버 옆에 설까,
안절부절 못했어.

"누구야, 내 소시지 훔쳐간 게? 솔직히 자수하는 게 좋을걸!"
"난 아냐." 팔라스가 말했어.
"나도 아냐." 매머드가 말했어.
"난 결백해!" 동굴사자가 말했어.
"난 엄마랑 같이 있었어." 자이언트비버가 말했어.
"나는 쟤랑 같이 있었단 말이야." 들소가 말했어.

팔라스는 가만히 서 있지 못하고 자꾸만 왔다 갔다 했어.
다들 죄가 없는 것처럼 보이려고 애를 쓰고 있었지.
특히 소시지를 훔쳐간 녀석은 더!

가로선

가로선은 한쪽에서 다른 한쪽으로 가로질러 뻗는 선이에요.
나란히 옆으로 서 있는 점들을 연결하면 가로선이 생기지요.

누군가의 뒤에 여럿이 줄을 설 때에도 가로선이 생겨요.

▲ 영국 런던에 있는 여왕의 궁전 앞에서 왕실 근위대원들이 나란히 옆으로 서서 퍼레이드를 벌이고 있어요.

▲ 아기 오리들이 엄마 오리를 졸졸 따라가고 있어요.

▲ 아이들이 나란히 줄을 서서 운동을 하고 있어요.

이러면 절대 모르겠지

지평선

벌판은 정말 넓어. 끝도 보이지 않고 하늘과 맞닿아 있지.
팔라스는 무척이나 신기한 듯 말했어.
"저 끝엔 뭐가 있을까? 우리 가까이 가서 한번 보자."
"저래 봬도 아주 멀어. 우린 저곳에 못 가."
그러자 팔라스가 고개를 갸웃거리며 말했어.
"왜? 저기 나무까지는 갈 수 있잖아. 거기서는 더 잘 보일 텐데."
팔라스는 내 말이 도무지 이해가 안 되는 모양이야.
"팔라스, 저긴 우리가 볼 수 있는 가장 먼 곳이야.
우린 죽었다 깨어나도 갈 수 없어."

달의 지평선

1969년 7월 20일, 미국의 우주인 닐 암스트롱이 달 표면에 서서, 지평선 너머로 보이는 지구의 모습을 지켜봤어요. 그때 그 장면을 닐 암스트롱은 이렇게 회상했어요.

"햇빛을 받은 지구 표면은 아주 멋졌어요. 달은 지구보다 반지름이 훨씬 작기 때문에 달에서는 지평선이 꽤 가까이 있는 것처럼 보였지요."

▶ 아폴로 11호 사령선 서비스 모듈인 '콜롬비아'에서 본 광경

지평선

계속 움직이는 것처럼 보이는 선들이 있답니다. 지평선도 그런 선들 중 하나예요. 지평선은 우리가 볼 수 있는 가장 먼 지점으로, 하늘과 땅이 만나는 것처럼 보여요.
우리가 앞으로 걸어가면 당연히 지평선은 그만큼 뒤로 물러나지요. 그래서 지평선은 지구에서 우리가 볼 수 있는 가장 먼 지점이에요.

▲ 우주의 인공위성에서 내려다본 지구의 지평선 모습이에요.

▼ 바닥에서 2미터 높은 곳에 서서 보면 지평선은 5킬로미터 더 멀어지지요.

◀ 나무 꼭대기 위에서 보면, 지평선은 16킬로미터 더 멀어지고요.

▲ 비행기에서는 지평선이 400킬로미터 더 멀어져요.

얼마나 멀까?

수직선

얼마 안 있으면 오월절*이야. 이것저것 준비할 게 많아.
"거기서 뭐해?"
팔라스가 물었어.
"오월절에 쓸 기둥이야. 똑바로 세우기 힘드네."
"와, 엄청 높다!"
팔라스가 고개를 치켜들며 입을 떡 벌렸어.
"당연히 높아야지. 기둥 꼭대기에 리본을 매달고 빙빙 돌며 춤을 출 거니까."
"재밌겠다! 근데 고양이가 하기에는 좀 그러네. 확실히 그래."
"팔라스, 나무 위로 올라가서 기둥 꼭대기 좀 잡아 줄래? 내가 아래를 꼭 붙들고 있을게. 아주 똑바로 세워야 하거든."
"그런 거야 얼마든지 해 주지."
팔라스는 한달음에 나무 위로 올라갔어.
그런데 이게 뭐야?

* 오월절: 예로부터 서양에서 5월 1일에 베풀어 오는 봄맞이 축제.

수직선

수직선은 위아래로 곧게 뻗은 선이에요. 각각의 점들이 길게 아래로 죽 늘어서 있으면 수직선이 되지요.

직각

선 위에 또 다른 선이 수직으로 서 있을 때 두 선 사이에 있는 공간을 '직각'이라고 불러요. 두 선이 만나는 모서리에 작은 정사각형을 그려서 직각을 표시하지요.

정사각형의 네 모퉁이들도 직각이에요.

▲ 큰 도시에는 고층 빌딩들이 수직으로 서 있어요.

다림줄

무언가가 똑바로 수직을 이루는지 알아볼 때 사용하는 줄이에요. 다림줄은 아주 정확히 위에서 아래로 곧게 뻗어요. 줄 끝에 금속추가 달려 있기 때문이죠. 추는 밑으로 처지면서 지구 중력의 중심을 향하지요.

▲ 집을 지을 때 벽이 수직으로 서 있는지 알아보려면 다림줄을 사용하지요.

▶ 우리가 사는 물건에는 바코드가 찍혀 있어요. 바코드는 여러 개의 수직선들로 이뤄졌어요.

결국……!

난 최선을 다했다고!

경계선

돌차기 놀이는 언제 해도 재밌어.
팔라스도 하고 싶은가 봐. 내가 하는 걸 빤히 보고 있잖아.

"팔라스, 같이 할래?"
"어, 좋아. 그런데 하는 방법을 몰라."
"걱정 마. 내가 알려 줄게."
나는 1번 정사각형에 돌을 던지며 말했어.
"잘 봐. 지금부터 내가 시범을 보여 줄게."

돌차기 놀이에서는 한 발로 잘 뛰는 게 중요해. 나는 돌이 던져진 1번 정사각형만 빼놓고, 번호 순서대로 정사각형 위를 깡충깡충 한 발로 뛰어갔어. 왼쪽 정사각형에는 왼쪽 발을, 오른쪽 정사각형에는 오른쪽 발을 디디면서 말이야.

맨 끝에 있는 '안전' 사각형에 도착하자 뒤를 돌아 다시 한 발로 정사각형을 딛고 돌아왔지.
"어때? 재밌지?"

"쉽네!"
팔라스가 자기가 해보겠다며 돌을 던졌어.
"아웃! 돌이 선에 닿았어."
팔라스는 다시 돌을 던지고 뛰기 시작했어.
"아웃! 선 밟았어."
"아웃! 넘어졌잖아. 게다가 선까지 지워 놓고!"

경계선

선은 가장자리나 경계를 이루기도 해요.

무언가를 둘로 나눌 때 선을 그어요. 도로를 두 부분으로 나눌 때도 하얀 선을 그리지요.

나라나 장소의 가장자리 혹은 경계선을 나타낼 때 선을 사용해요. 지도에서도 경계선을 나타낼 때 선을 사용하지요.

사물의 모양을 그릴 때 사용하는 선을 둘레 (아우트라인)라고 해요.

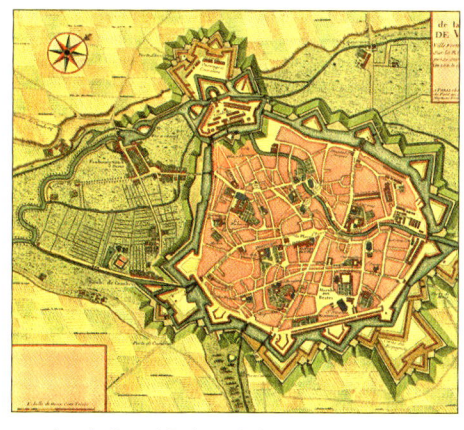

▲ 지도에서는 마을과 도시의 경계를 선으로 나타내요.

▲ 공간을 나눌 때도 선을 사용하지요. 도로 가운데에 그려진 중앙선처럼요.

▶ 이탈리아에 있는 거대한 미로원이에요.

▶ 점잇기 퍼즐이에요. 순서에 맞게 점을 이으면 동물의 윤곽이 보여요.

미로

미로원에는 겹겹의 울타리들이 퍼즐처럼 둘러져 있어요. 높은 울타리들 때문에 빠져나갈 길을 찾기가 힘들지요. 미로원은 우리의 기억력과 방향감각을 시험하지요.

어느 쪽일까?

팔라스를 위해 특별한 선물을 준비했어. 팔라스가 워낙 길눈이 어둡거든.
"저게 뭐야? 뾰족한 막대들은 왜 붙여 놨어?"
팔라스가 신기한 듯 물었어.
"이정표야. 네가 길을 잘 찾을 수 있게 도와줄 거야."

"지난번에 곳간이 어디 있는지 모른다고 했지?"
"그래, 네가 거기서 무거운 자루 두 개를 가져오라고
시켰는데, 어디 있는지 몰라서 애 먹었지."
그때 생각이 나는지 팔라스가
절레절레 고개를 흔들었어.

"며칠 전엔 채석장이 어디 있는지 못 찾았고."
내 말에 팔라스는 풀이 죽어 말했어.
"맞아. 네가 무거운 돌덩어리 두 개를 가져오라고 했는데,
길을 못 찾아 온 산을 헤매고 다녔어."

"얼음 저장고는 또 어떻고?"
"맞아! 네가 아이스크림 2개를 가져오라고 시켰지.
그런데 그건 어디로 가는지 딱 생각이 나더라고.
며칠 전에 내가 꿀꺽했거든!"

곳간

채석장

얼음 저장고

팔라스, 널 위해 만든 이정표야.

이정표?

서로 만나는 선들

가끔 많은 선들이 한 점에서 모두 만나기도 해요.
이런 선들을 '수렴선'이라고 불러요.

도로들이 도시 한가운데서 이런 식으로 만나요. 여러 도로가
한 지점에서 만나면 (이곳을 '교차로'라고 부르지요) 운전자들은
여러 갈래 길에서 하나를 선택할 수 있어요.

이정표

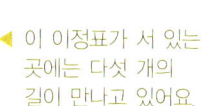

이정표는 우리가 지금 서 있는 곳에서 어느 방향으로,
얼마만큼 가야 목적지에 도착하는지 알려 줘요.
보통 거리를 킬로미터로 표시해 놓고 있어요.

◀ 이 이정표가 서 있는
곳에는 다섯 개의
길이 만나고 있어요.

▲ 거미줄이 바깥쪽에서
중앙으로 모이고 있어요.

교차하는 선

때로는 선들이 서로 교차해요.
이런 선들을 '교차선'이라고 해요.

예를 들면, 길들은 교차로에서 서로 교차하지요.

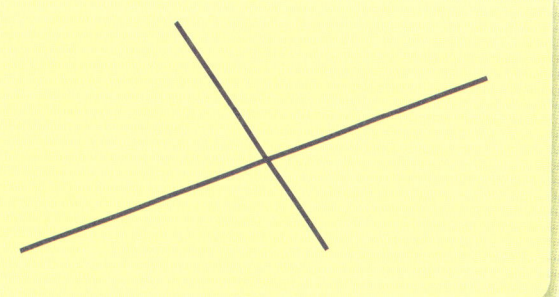

눈금선

야호! 내 키가 점점 자라고 있어. 얼마 전에 재 봤을 때보다 무려 5센티미터나 더 컸어.

"조금만 더 크면 나도 부족 어른들 모임에 들어갈 수 있어."
내가 팔라스에게 으스대며 말하자,
팔라스도 덩달아 키를 재 보더니 말했어.
"나도 좀 큰 것 같아. 좀 더 크면 나도 어른들 모임에 끼워 줘야 해."
"그래? 아무리 봐도 넌 위로 자라는 게 아니라 옆으로 자라는 것 같은데?"
팔라스는 창피한지 입을 꾹 다물었어.

"괜찮아, 팔라스. 많은 동물들이 위로도 자라고 옆으로도 자라니까."

이 말은 팔라스를 위로하려고 한 말이지만 사실이기도 해. 며칠 전에 매머드의 키를 재면서 힘들어 죽는 줄 알았거든. 매머드는 위로도, 옆으로도 쑥쑥 자라고 있어서 말이야.

"팔라스, 쟤는 앞으로 우리보다 훨씬 더 많이 자랄 거야. 하지만 부족 어른들 모임에는 못 끼어. 어른들이 쟤를 끼워 주지 않을 테니까."

배의 선

너무 많은 짐을 싣지는 않았는지, 너무 물 속 깊이 잠기지는 않았는지 확인하기 위해 모든 배의 옆면에는 눈금(흘수선) 표시가 있어요. 이 눈금을 보고 짐을 실은 배가 물에 얼마나 잠겨 있나 알 수 있지요.

▲ 배의 옆면에 흘수선이 그려져 있어요.

▲ 지리학자들은 지구 표면에 가상의 선을 그려서 거리와 위치를 재요.

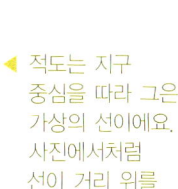

◀ 적도는 지구 중심을 따라 그은 가상의 선이에요. 사진에서처럼 선이 거리 위를 지나가고 있어요.

▲ 축구 경기장에 그려진 선은 선수들이 어디로 가야 할지를 알려 주지요.

선 재기

선은 길이가 있어요. 선분의 길이는 시작점에서 끝점까지의 거리예요. 선의 길이는 센티미터나 미터 단위로 재요. 아주 짧은 길이는 밀리미터 단위로 재고요.

수직선은 높이가 길이예요.

수직선

선을 재는 도구

자나 줄자로 선의 길이를 재요. 자나 줄자에는 일정한 간격마다 눈금 표시가 되어 있어요.

줄자

평행선

팔라스랑 스키를 타러 갔어. 언덕 위에서 쌩 스키를 타고 내려오는 기분은 정말 상쾌해.
그런데 팔라스가 왜 저러지?
"팔라스, 발을 벌려!"
보다 못한 나는 소리를 질렀어.
"무릎도 벌리고, 다리도 벌려!"
스키를 잘 타는 사람들은 나처럼 눈 위에 곧고 간격이 일정한 두 줄을 그려.

하지만 팔라스가 그리는 선을 좀 봐.
삐뚤빼뚤 간격도 일정하지가 않아.
팔라스는 꾸불꾸불 내려오며
울상을 지었어.
아무래도 고양이에게 스키는
무리였나 봐. 팔라스, 넌 그냥
구경이나 해라.

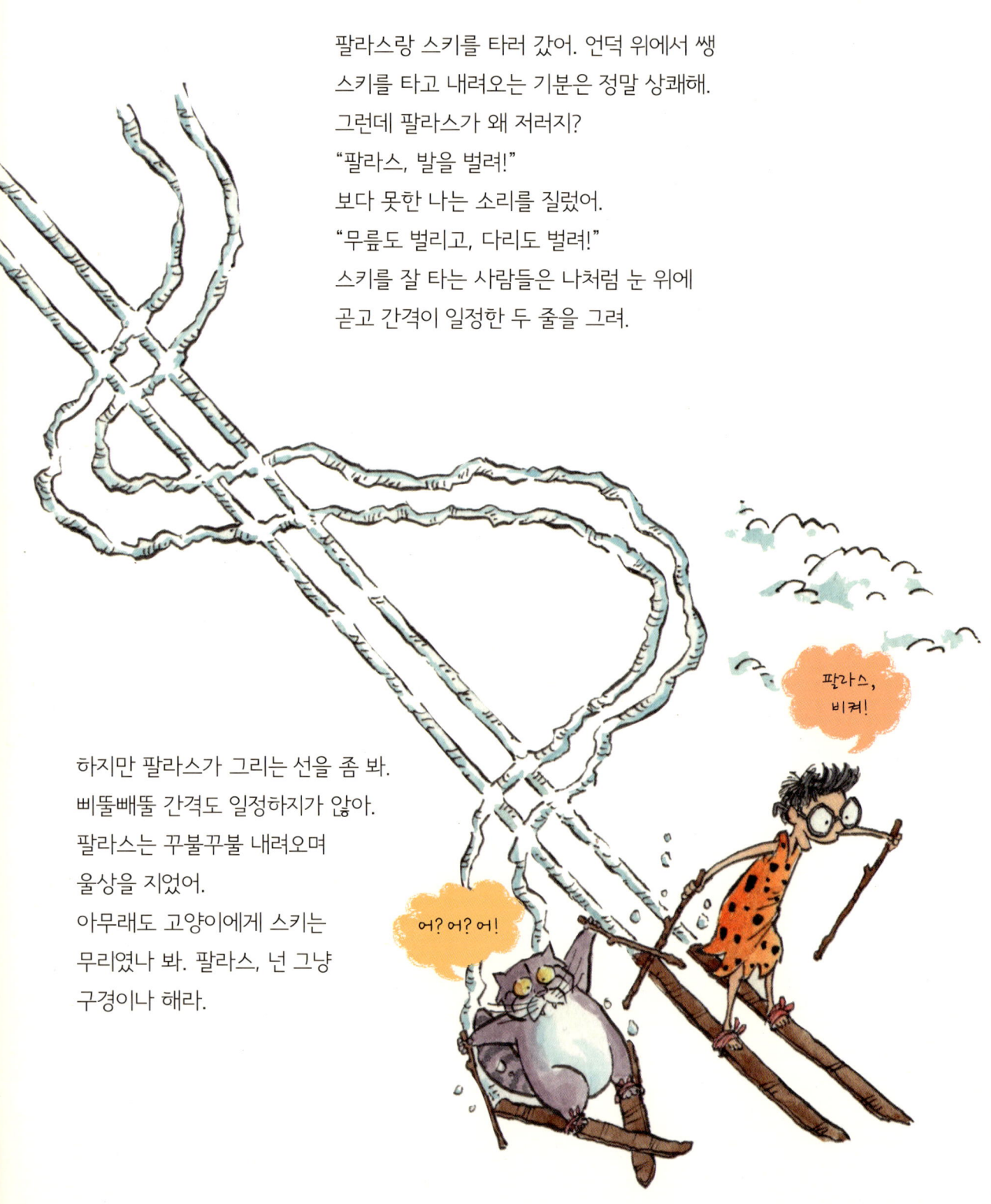

운동 경기와 평행선

운동 경기에서도 평행선을 찾을 수 있어요. 농구 코트나 야구장 투수 양쪽에 그려진 선들도 평행선이고, 골대를 받치고 있는 기둥들도 평행선이에요. 육상 경기와 수영에서는 평행선이 아주 중요해요. 선수들이 레인이라는 평행선을 따라 모두 똑같은 거리를 달리고 수영하기 때문이지요.

▲ 제트기 엔진에서 꼬리구름이 길게 두 줄로 나오고 있어요.

◀ 아주 먼 곳에서 두 선이 만날 것처럼 보이죠? 하지만 평행선은 절대 만나지 않아요.

◀ 사다리의 디딤대도 평행을 이루지요.

평행선

평행선은 늘 같은 거리만큼 떨어져 있어요. 두 선이 아주 멀리 가도 마찬가지랍니다.

또 평행선은 늘 같은 방향으로 가지요.

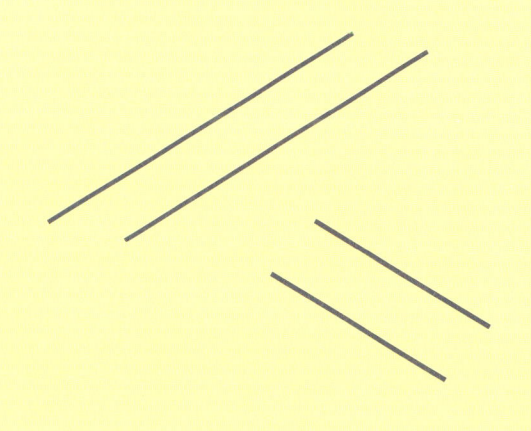

교차선

나는 헬멧을 쓰고 시동을 걸며 소리쳤어.
"조심해, 팔라스! 출발한다!"

스쿠터 뒤에 앉은 팔라스는 나를 꽉 붙잡았어.
스쿠터를 처음 타는 거라 겁이 나나 봐.

나는 이리저리 방향을 바꾸며 지그재그로 움직이거나
교차하면서 쌩쌩 달렸어. 어떤 땐 끽 소리를 내며
멈추기도 했지. 그렇게 한참을 달렸어.

"됐다! 드디어 해냈어!"
"뭘 해냈는데?"
팔라스가 영문을 몰라 물었어.
"직선 여러 개로 원을 만들었잖아.
둥글게 굽은 부분도 없이 말이야."

우리는 이 원을 보려고 언덕 위로
올라갔어.

조금만 참아,
팔라스.

윽!
살살 달려!

▲ 철로의 선들이 교차점에서 서로 교차해요. 그래서 기차들이 다른 쪽 선로로 방향을 바꿀 수가 있지요.

대각선

한쪽 꼭짓점에서 반대편 꼭짓점을 잇는 선이에요.

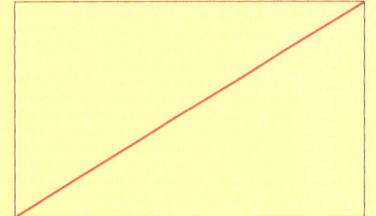

삼목놓기를 할 때 대각선을 그리지요.

비스듬한 선을 대각선이라고 불러요.

▶ 뜨개질바늘 두 개가 서로 교차하면 한 코가 만들어져요.

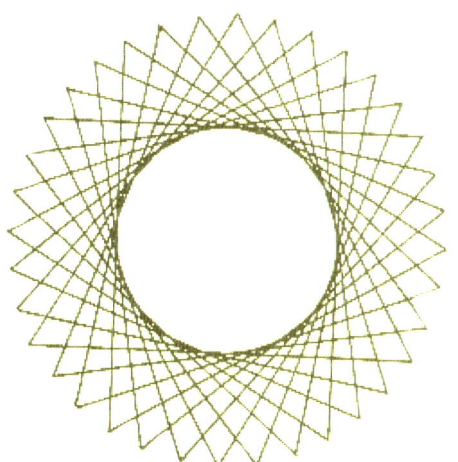

똑바른 선이야? 굽은 선이야?

컴퍼스로 그린 원 같지요? 하지만 아주 많은 대각선들로 이뤄진 원이랍니다. 둥글게 휜 부분은 하나도 없어요. 어떻게 한 건지 알 것 같나요?

아래로 아래로

팔라스는 틈만 나면 뼈를 갖고 놀아.
강아지처럼 뼈를 물어뜯기도 하고 말이야.
이번에는 뼈를 숨겨둘 건가 봐.

"좀 더 깊이 파야겠는걸."
팔라스는 마음이 놓이지 않는 모양이야.
"더 깊을수록 안전하겠지?
동굴곰은 발톱이 크니까 파낼 수도 있을 거야."

"조금만 더 깊이 파자. 맛있는 뼈를
지키려면 이만한 일쯤이야!"
팔라스는 계속해서 땅을 파고 들어갔어.

마침내 뼈를 꼭꼭 파묻고는 축 늘어져 있었지.
"팔라스! 내가 널 위해서 뭘 찾아냈게?"

음수

숫자 1은 0보다 하나만큼 더 커요. 그리고 숫자는 2, 3, 4 순으로 점점 커지지요.

하지만 0보다 작은 숫자들도 있어요. 이런 숫자들은 '음수'라고 불러요. 음수 앞에는 '−' 표시를 붙여요. 0보다 작은 음수는 −1, −2, −3, −4, −5 …… 들이 있어요.

오르락내리락 숫자선

숫자선에서는 0부터 숫자를 세어요. 0보다 큰 숫자는 양수예요. 양수는 0보다 오른쪽에 있어요. 0보다 작은 숫자는 음수예요. 음수는 0보다 왼쪽에 있어요.

◀ 온도계의 온도가 위아래로 오르내려요. 온도가 음수이면 어는점(섭씨 0도)보다 더 추운 걸 뜻해요.

▼ 그래프를 보면 1년(12개월) 동안 온도가 섭씨 3도에서 섭씨 −3도 사이를 오르락내리락하고 있어요.

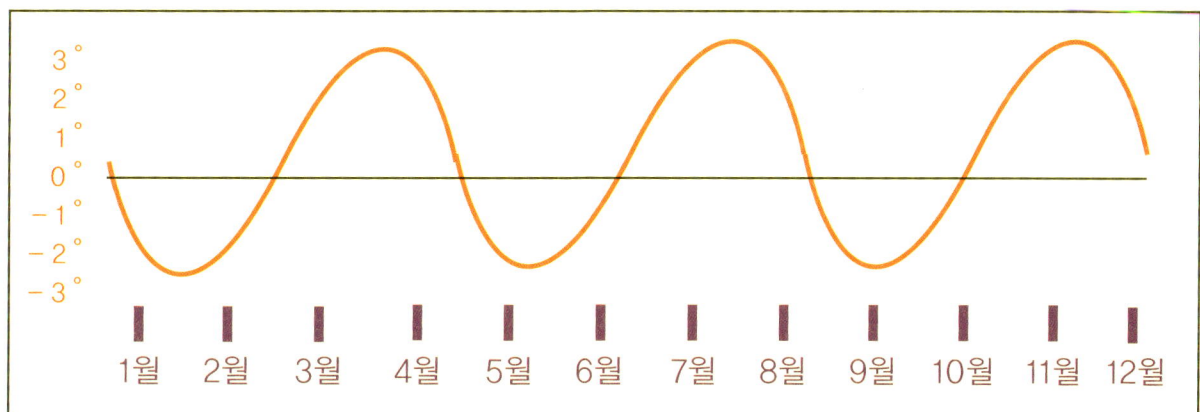

자연 속의 선

자연은 스스로 선을 만들어. 바람과 비는 단단한 암석을 깨뜨려 계곡을 만들지. 진흙과 모래에는 물결 모양의 주름도 만들고. 식물은 길고 곧은 줄기와 잎맥을 사용해 물을 골고루 운반하고, 줄이 선명한 꽃잎을 피워 곤충을 유혹해. 동물들도 줄무늬로 상대를 유혹하지. 하지만 너무 줄이 도드라지면 포식자*들의 눈에 띄기 쉬워. 때때로 신맛이 나거나 독을 품고 있는 것들도 있어.

* 포식자 : 다른 동물을 먹이로 하는 동물.

▲ 어떤 여우원숭이는 꼬리에 줄무늬가 있어요. 꼬리의 줄무늬로 서로를 알아본대요.

▲ 진홍나방 애벌레의 줄무늬는 천적에게 경고를 해요. 먹어 봤자 맛이 없을 거라고요!

▲ 농부가 쟁기질로 만든 선과 바람이 모래에 만들어 놓은 선이에요.

◀ 줄무늬는 얼룩말 같은 동물들이 주변 환경과 비슷하게 보이도록 위장하는데 도움이 돼요.

대칭축

자연 속의 많은 물체들은 양쪽이 같아요. 그래서 물체 가운데에 선을 그리고 반으로 접으면 꼭 들어맞는답니다. 이때 가운데 선을 '대칭축' 이라고 불러요.

▲ 나비는 대칭을 이루는 생물이에요.

◀ 잎맥은 줄기에서 물을 끌어올려 잎 표면 곳곳에 물을 보내요. 잎맥이 보호 가시 역할을 하기도 해요.

▲ 꽃잎의 선명한 줄무늬는 가루받이를 도와줄 곤충들을 유혹해요.

◀ 작은 꽃자루 위에 있는 민들레 씨들은 사방으로 퍼져 나가요.

각

"내 텐트가 왜 이러지?"
팔라스가 혼잣말로 중얼거렸어.
가만 보니 팔라스의 텐트가 한쪽으로 기울어져 있지 뭐야.

"너, 텐트를 제대로 세우기는 한 거야?"
나는 팔라스에게 핀잔을 주었어.
"텐트 옆면이 예각을 이루도록 각을 제대로 맞췄어야지.
텐트는 뾰족하고 가팔라야 하는데, 네 건 그렇지 않잖아."
"그렇구나!"
팔라스가 고개를 끄덕였어.

그런데 가만히 생각해 보니 그게 아닌 것 같아.
텐트가 가파르게 기울어져 있는 걸 보면 사실 예각이
만들어지긴 했거든.

각

두 선이 만나서 생긴 모서리가 각이에요.
두 선의 거리가 멀수록 각이 커져요.

작은 각

큰 각

위 각처럼 끝이 뾰족한 것을 '예각'
이라고 불러요.

이 각은 '직각'
이라고 불러요.
사진이나 테이블
모서리에서 볼 수
있어요.

 ## 도

각의 크기를 재는 단위예요.
도를 나타내려면 작은 동그라미를
위쪽에 그리면 돼요. 이렇게요. 10°
또 각의 크기는 이렇게 표현해요.

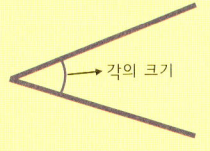
각의 크기

▲ 기러기 떼는 브이 자 모양으로 날아요.

▲ 목수들은 직각으로 나무를 자를 때
삼각자라고 부르는 도구를 사용해요.

별의 각도 재기

천문학자들은 지구와 별, 혹은 두 개의 별 사이의 각을 잴 때 팔을 사용해요. 그러면 대충 각을 잴 수 있거든요.

예를 들면, 팔을 뻗어 새끼손가락만큼 기울이면 1°예요.
팔을 뻗어 꽉 쥔 주먹만큼 기울이면 10°고요. 팔을 뻗어
한 뼘 정도 기울이면 20°예요.

용어

수학에서 **선**은 시작도 끝도 없어요.

선분은 시작점과 끝점이 있어요.

광선은 시작점은 있지만 끝이 없는 선이에요.

각은 두 개의 선이 만나서 생기는 모서리예요.

물체의 양쪽이 같은 모양을 하고 있으면 **대칭**을 이룬다고 해요.

수평선은 한쪽에서 다른 한쪽으로 가로로 쭉 뻗은 선이에요.

수직선은 위에서 아래로 쭉 뻗은 선이에요.

여러 개의 선들이 한 점에서 만나면 **수렴선**이라고 부르지요.

서로 교차하는 선들도 있어요. 이런 선들은 **교차선**이라고 해요.

선들이 항상 일정한 간격으로 떨어져 있으면 **평행선**이라고 해요.

찾아보기

가장자리 17
각 30, 31
거리 5, 19, 21, 23, 31
거미줄 19
경계 17
경계선 16, 17
광선 7
교차로 19
교차선 19
교차점 19, 25
길이 21
꼭짓점 25
높이 21
다림줄 15
달 13
대각선 25
대칭 29
도 31
모서리 15, 31
미로원 17
미터 13, 21
밀리미터 21
바코드 15
방향 17, 19
삼각형 9
선분 9
센티미터 20, 21
수렴선 19
수직선 14, 15, 21
예각 30, 31
온도 27

위장 28
윤곽 17
이정표 18, 19
적도 21
점잇기 17
정사각형 15, 16
줄 11, 15
줄자 21
중력 15
지구 13, 31
지도 4, 17
지평선 12, 13
직각 15, 31
직선 4, 5, 24
천문학자 31
컴퍼스 25
킬로미터 5, 13, 21
평행선 22, 23
화살표 6, 9

글쓴이 **게리 베일리**

캐나다, 영국, 스페인에서 초등학생, 중학생, 대학생을 가르치기도 했으며, 수많은 어린이 정보 도서와 소설을 집필했습니다. 쓴 책으로는 〈레오와 도형〉 시리즈, 〈손안에 든 과학〉 시리즈, 〈어린 건축가〉 시리즈, 〈성장-몸에 일어나는 변화〉 시리즈, 〈돈 이야기〉 시리즈 등을 비롯하여 『축제』(아동 관련 세계 축제), 『멸종』(멸종된 종을 통해 알아보는 지질 시대), 『위인들: 링컨과 미켈란젤로』 등이 있습니다.

그린이 **마이크 필립스**

흑백텔레비전이 유행하던 시절 영국에서 태어났습니다. 16살 때, 학교를 그만두고 출판업계에서 일했습니다. 낙서와 그림 그리는 것을 취미로만 삼다가 우연히 화가로 발탁되면서 전문 일러스트레이터로 활동해 왔습니다. 아내와 세 자녀, 고양이 세 마리, 개 한 마리, 많은 바다 갈매기와 함께 영국 노스 데번에서 살고 있습니다.

옮긴이 **김경진**

서강대학교 영문과와 이화여자대학교 통번역대학원 번역과를 졸업하였습니다. 이후 영상 번역과 보고서 번역을 해 왔으며, 지금은 잡지와 도서 전문 번역가로 활동 중입니다. 영상 번역한 것으로 〈푸드 채널 프로그램〉, 〈매직 쇼 프로그램〉 등 총 5편이 있고, 옮긴 책으로는 『포켓백과』, 『정보 동화』 등이 있습니다.

STEAM 1 선

1판 1쇄 인쇄 2013년 2월 22일 | 1판 3쇄 발행 2013년 12월 30일
글쓴이 게리 베일리 | 그린이 마이크 필립스 | 옮긴이 김경진 | 펴낸이 박혜숙 | 펴낸곳 미래M&B
편집책임 이지안 | 편집 신혜연 | 디자인책임 이정하 | 디자인 한지혜 | 영업관리 이도영, 장동환, 김대성, 김하연
등록 1993년 1월 8일(제10-772호) | 주소 서울시 마포구 서교동 368-22 서문빌딩 4층 | 전화 02-562-1800 | 팩스 02-562-1885
전자우편 mirae@miraemnb.com | 홈페이지 www.miraei.com | 트위터 @miraeibooks | 네이버 카페 cafe.naver.com/miraeibooks
ISBN 978-89-8394-738-3 73410 | 978-89-8394-737-6(세트) | 값 10,000원
*잘못 만들어진 책은 바꾸어 드립니다.

아이의 미래를 여는 힘, 미래*i*아이 는 미래M&B가 만든 유아·아동 도서 브랜드입니다.

Leo and the Lines
Written by Gerry Bailey & Felicia Law
Illustrated by Mike Phillips
Copyright © 2012 BrambleKids Ltd
All rights reserved.
KOREAN language edition © 2013 Mirae Media and Books, Inc.
KOREAN translation rights arranged with BrambleKids Ltd, UK through EntersKorea Co., Ltd., Seoul, Korea.

이 책의 한국어판 저작권은 (주)엔터스코리아를 통해 저작권자와 독점 계약한 미래M&B에 있습니다.
신 저작권법에 의해 한국 내에서 보호를 받는 저작물이므로 무단 전재와 무단 복제를 금합니다.